学校
学不到的
成长课

〔日〕株式会社旺文社 著
楼梦捷 译

• 小学生应该学会的事，这套漫画就能搞定！•

# 我要做个受欢迎的男生

SPM
南方出版传媒
新世纪出版社
· 广州 ·

# 前言

考试得了一百分真开心呀！身边的人都表扬我。但是，长大以后要面临的问题，却比学校的考试复杂得多，有的时候正确答案不止一种，有的时候问题是没有正确答案的。

“生日礼物的话，我想收到鲜花！”“我想收到书！”谁的答案是正确的？他们的答案都是正确的。但是在某些情况下，他们的答案又都是错误的。

爬山的时候，同学扭伤了脚。紧要关头，自己是选择用指南针摸索着下山，寻找救援，还是在原地等待救援呢？哪个答案是正确的？正确答案随情况而定。总之，性命攸关的问题要慎重地做出决定！

在大人的世界里，每天都要面对这样的选择题。可以自信满满地解决问题，凭借的是聪明的头脑，对问题做出正确的判断。

本系列丛书，希望用漫画的方式，让小朋友们去理解自己和周围的世界。希望合上书本的时候，小朋友们能发现自己的进步，感受到思考带来的快乐。

本书的主题是“做个受欢迎的男生”。大家看到这个名字会想到什么呢？对！究竟什么叫“受欢迎”？其实，“受欢迎”也像其他很多事情一样，不是只有一种方法。男生想要受欢迎，也不仅仅是“变帅”就好。在本书中，我们会介绍很多种能让你更“受欢迎”的技巧。躲避球游戏玩得好的朋友看上去就很帅，会开玩笑逗人开心的小伙伴也能受到大家的欢迎。他们都是我们学习的对象。大家都羡慕“受欢迎的人”，所以，只要你肯用心下功夫改变自己，一定可以成为其他小伙伴崇拜的对象。

旺文社

# 目录

即将登场的小伙伴们 6
序章 8

第1章 ……赢在体育或其他兴趣爱好的起跑线上 11

提高棒球水平的秘诀 14
躲避球游戏的诀窍 18
足球进阶心得 22
用50米赛跑一决胜负 26
从今天起你也是“舞王” 30
学会这招，你也可以学会并爱上唱歌 34
选样乐器，我们来组乐队吧 38
身体也可以成为你的乐器 42
显摆收藏品的方法 44

第2章 ……教你“玩”出新花样 51

猜拳必胜法 54
练习笑容·搞怪表情 58
取个响亮的外号吧 62
词语接龙大通关 66
文字游戏乐趣多 68
绝对吃香的模仿技巧 72
解忧电台的搞笑段子 76
一起开发个新游戏吧 80
变身昆虫博士 84

## 第3章 在日常生活中胜人一筹 91


百试不爽！自我介绍的心得 94
教会你真诚道歉的讲座 98
在学校不好意思上厕所? 102
安然入睡的小窍门 106
学会聆听 110
如何激发斗志 114
想和外国人交朋友吗? 118
不同体形的时尚讲堂 122
如何展现爱干净的一面 126
找到小伙伴的闪光点 130
用通俗易懂的典故、成语加分 134
提高求助能力 136

**尾声** 142

# 即将登场的

## 悠斗

- 小学四年级
- 跑步快
- 性格开朗，
  但脾气有些暴躁
- 猜拳老是输
- 行动先于思考的行动派

## 源先生

- 35 岁
- 擅长各项体育运动
- 有领导能力
- 喜欢的词语是“勇气”
  “热情”
- 怕老婆大人和女儿

## 路易

- 小学四年级
- 喜欢帮腔，逗人笑
- 讨厌画画
- 擅长跳舞
- 比较受女生欢迎

# 小伙伴们

## 莉子

- 小学四年级
- 反应快，成绩优异
- 急性子
- 机灵鬼
- 很爱自己的家庭，但不轻易表现出来

## 小龙

- 小学四年级
- 力气大，是班里的小霸王
- 喜欢摔跤
- 会照顾人
- 实际上有些小心眼儿

## 五木

- 小学四年级
- 贪吃鬼，最喜欢吃学校食堂的食物
- 戴的眼镜很有特点
- 性格要强
- 容易热衷于一件事，喜欢追根究底

# 序章

好快！
Excuse me. Is the bus stop over there?
Yes!

反应
沟通能力
弹跳力
动作举止
好厉害啊！
什么啊？你们讲得也太夸张了吧……
请您收我们为徒吧！

第1章

# 赢在体育或其他兴趣爱好的起跑线上

嘿，走你！
接球！
唉，又没打中……

怎么没踢到？
不会玩
躲避球……
连足球也
不行……
真丢人啊……
不能轻言放弃！
只要稍微注意一些细节，你们也能成为这些运动的高手！
什么？他是你爸爸？
爸爸，原来您在这里。

只要这么做，你就可以把球投得又快又远！
提高棒球水平的秘诀

## 做一个好投手的秘诀

规范完成每个基本动作，你投球的速度和准确度就能大幅提升哦！

后腿伸直作为轴线。

投球时，戴棒球手套的手贴近自己的腋下部位，这样比较容易发力。

球出手后，手臂也要继续挥到底，而不是球一出手就立刻停止动作。只有这样，才能保证最大限度地发力。

# 提升击球能力的秘诀

胡乱挥棒，是打不中球的哦。

当投手摆出投球姿势时，你需要左膝微曲，拉近两腿距离，来把握合适的击球时机。

如果习惯用左手，则换一个方向，右膝微曲。

以腰部为中心旋转身体，这样容易发力，更容易打出好球。

注意利用腰部旋转的力量！

果断地用力击球！

将球棒挥到底，保证最大限度地发力。

## 看看你的对手是怎样练习的！

你也可以从你的实战对手那里学到好的挥棒技巧，取长补短。

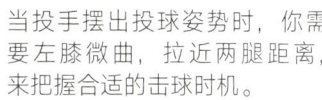

# 迷惑对手的战术

除了掌握基本动作外，想要在棒球比赛中取胜，战术也很重要。通过战术，可以迷惑对手，并以此来控制比赛的节奏。

## 投球

### 花式投球

上方投球、侧投、下方投球，试着变换不同的姿势来投球吧。

### 超慢速高球

经常投出这样的球，会让对手摸清你的投球套路，所以在一场比赛中这招只能用一到两次。

## 击球

### 击球姿势

摆出严阵以待的姿势来震慑对手，但注意别超出击球区哦。

### 挑战两根球棒

像日本剑豪宫本武藏耍双刀一样，手持两根球棒，向投手挑战！

就算是要迷惑对手，搞得太过也会得不偿失的……

果然，看职业选手比赛就是不一样，可以学到好多东西呢。
在近处看，还真能看出许多门道。
咻！
喔！
喔！
加油！
加油！
好厉害啊！
奇怪，小龙去哪里了？
去厕所了吧？
其实是在特等席观战！
哇！
哇！
哇！
哇！
哇！
好球！

格言
要学会从高手那里偷师。

像这样击败对手!

用小测验来牢记

# 躲避球游戏的诀窍

不知道大家对躲避球了解多少呢?

**问题1** 瞄准下图对方身体的哪个部位投球最有效果?

1 头
2 胸
3 脚

1
2
3

**问题2** 应该用什么样的姿势接住飞来的球呢?

1 紧紧把球抱在怀里
2 只用双手接球
3 侧过脸去接球

2
3
1

## 问题3 接了队友的传球后，你应该怎么做？

1. 立刻转守为攻，投球
2. 观察对方阵势，随机应变
3. 大声欢呼，振奋士气

## 问题4 躲避球的关键点是什么？

1. 用球打中对手
2. 接住飞来的球
3. 躲开对方发的球

大家都已经清楚规则了吧！

## 学会这两种战术

与实力强劲的对手对抗时，正面进攻可能并没有优势。这时候，只要动动脑筋，就有可能打败强敌！（我说的是可能哦。）

### 进攻无效？
### 这时，就要借助队友的力量了。

**迷惑式进攻战术**

投球的时候，让队友在近旁掩护你，以此来扰乱对手（但也有可能对手不上钩）。

### 场上没有可以防守的地方？
### 当然不是！
### 有许多地方都是可以防守的。

**人墙战术**

关键时候可以躲在队友的身后，可靠的队友会帮你把球抢下来的（当然也有可能连队友也抢不到球）。

## 老是接不到队友的传球？
## 那就直接从对手那里要球。

### 语言迷惑战术“快！传给我！”

球刚到对手手里时可以用这招，他会以为你是自己人，从而把球传给你（当然对手也有可能不吃你这套）。

快！
传给我！

全都不是百分之百成功哦。

**问题 1 的答案** ③ **脚**

投向脚的球最难接。往胸部投球的话对手很轻松就能用双手接住。另外，瞄准别人的头投球算犯规哦。

**问题 2 的答案** ① **紧紧把球抱在怀里**

接球时，不要把脸侧过去，要尝试着用胸部和双臂将球稳稳抱住。只用手去接球的话，很容易脱手哦。

**问题 3 的答案** ① **立刻转守为攻，投球**

在对手调整姿势前，立刻转守为攻。为此，你需要在接球前就做好转换为投球姿势的准备。

**问题 4 的答案** ③ **躲开对方发的球**

闪躲在躲避球这项运动中十分重要。难接的球不要硬接，要学会通过侧身、下蹲来躲开这些球。

格言
只要战术好，再强的对手都能打倒！

用押韵口诀来学习

# 足球进阶心得

嘭！

就让我们用押韵口诀来学习一下如何踢好足球吧。

射 射门要想巧得分，脚背触球稳、准、狠。

用脚背踢球在英语里叫“instep kick”哦！

头 头球需要有勇气，足球不能用手『踢』。

要信任队友，利用有效传球来进攻。

传 传球队友齐助阵，获胜靠的是信任。

头球最重要的一点就是要勇敢，不要害怕用头触球。

铲 铲球不能亮鞋底，危险动作需注意。

别做带有危险性的动作，会被判犯规哦。

眼神一定多交流，找准时机好传球。

平常练习时的眼神交流在比赛中会派上大用场哦。

突破看准好时机，勇猛过人赢胜利。

有时也需要相信自己的实力，一个人大胆带球进攻。

断球需要多观察，猜透意图把球拿。

防守时要时刻关注对手，猜测他的下一步动作。

防守紧盯敌前锋，不让对方传成功。

注意和队友配合，无死角地防住对方前锋的动作。

守门也有大诀窍，瞬间判断很重要。

瞬间判断对手的意图并做出防范，这是一名优秀的守门员应该具备的能力。

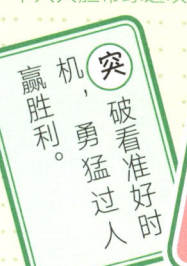

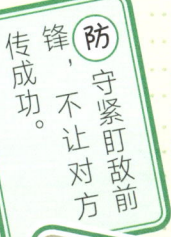

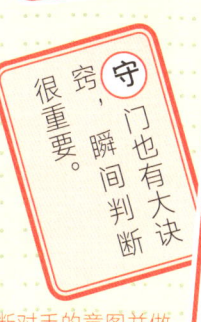

# 提高球技的趣味规则

## 用自创规则踢球

- 接到球后必须在 5 秒内传出。

- 禁止用惯用脚来传球、射门！

试着在踢球的时候，自己加一些规则和限制吧。这样踢起来别有一番乐趣，你的球技也会大大提升哦。

## 给自己的技能起个霸气的名字

大家不妨学学小龙，给自己的传球、射门、带球等球技起个独特的名字吧。这样说不定你就可以在实战中充分运用这些“独门绝招”了呢。

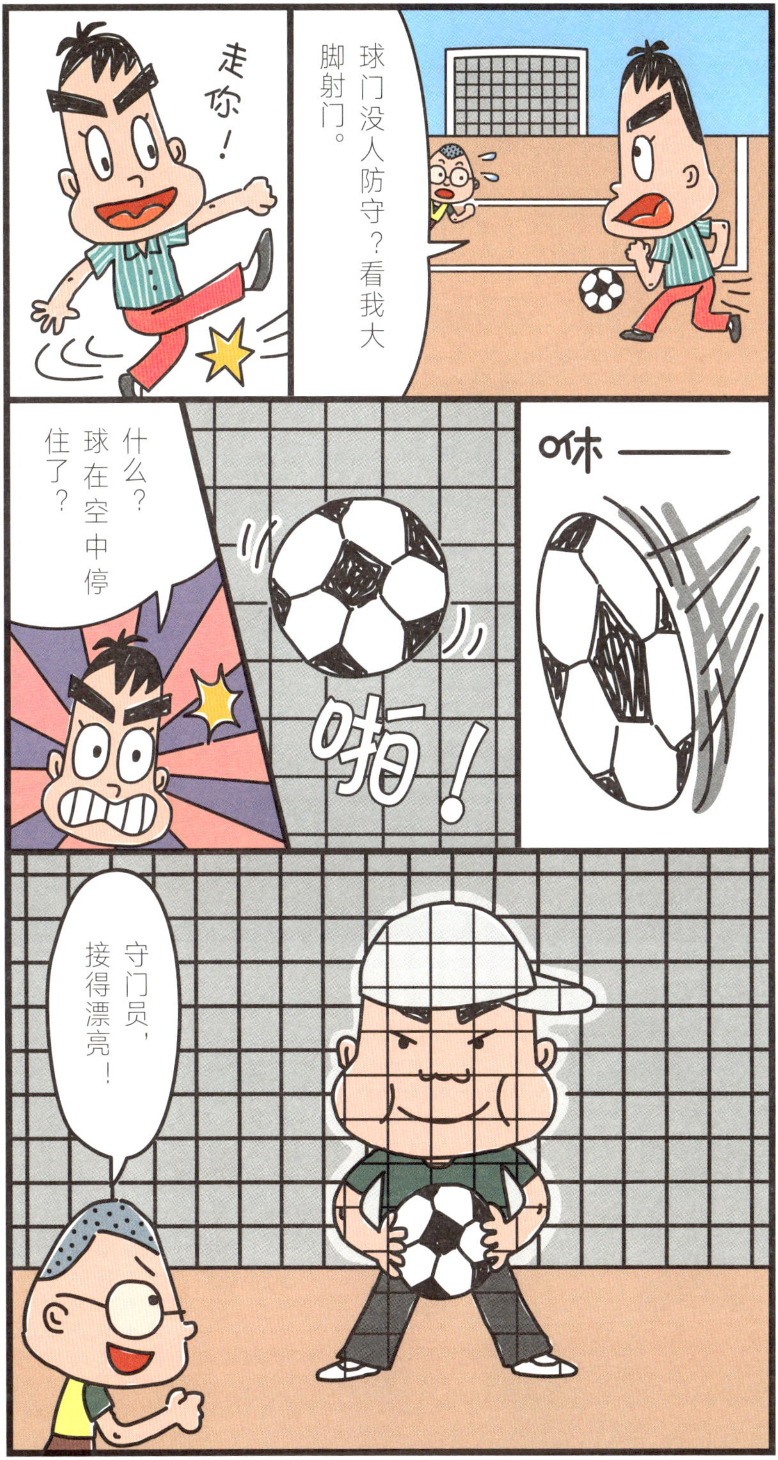


格言

**先用心思考再付诸行动，是提高球技的捷径。**

小窍门帮你加速

# 用50米赛跑一决胜负

运动会前的特训
这就跑不动啦？看来又是我赢了。
真是跑不过那家伙啊，他怎么能跑这么快？
这种时候怎么能放弃呢！
首先，让我来纠正大家练习时的一些不良习惯吧。

## 不规范的跑步姿势

全身紧张，用力过猛。

头左右摆动。

上臂基本不动，小臂左右摆动。

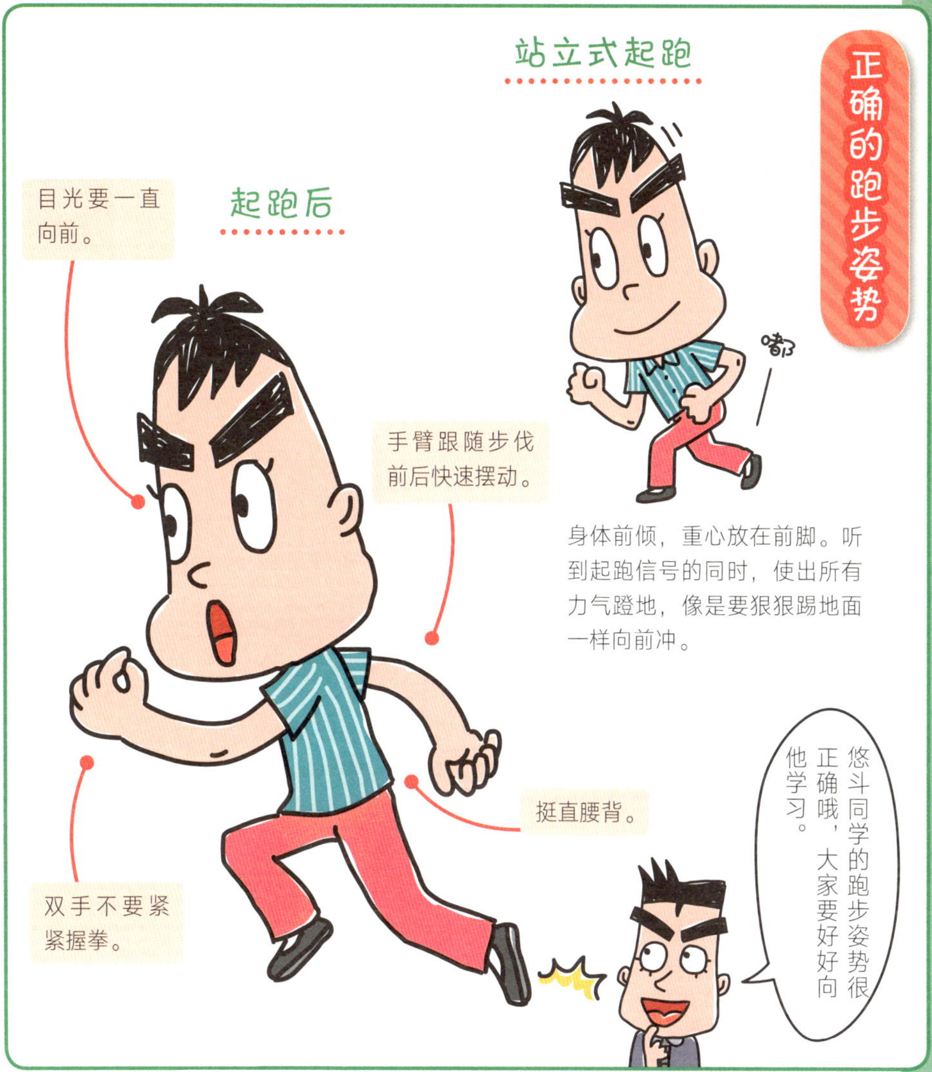
正确的跑步姿势
站立式起跑
身体前倾，重心放在前脚。听到起跑信号的同时，使出所有力气蹬地，像是要狠狠踢地面一样向前冲。
起跑后
目光要一直向前。
手臂跟随步伐前后快速摆动。
挺直腰背。
双手不要紧紧握拳。
悠斗同学的跑步姿势很正确哦，大家要好好向他学习。

源先生，我在起跑前老是会紧张，这该怎么办啊？
这是小问题，别担心。
这样，我来教你独门的**跑步放松法**吧。

# 起跑前的放松法

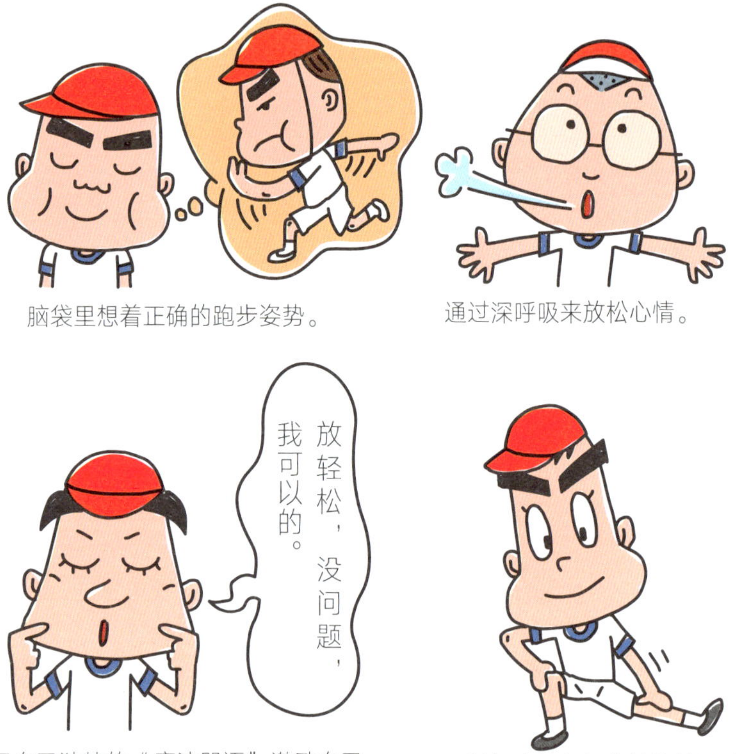
放轻松，没问题，我可以的。

脑袋里想着正确的跑步姿势。

通过深呼吸来放松心情。

用自己独特的“魔法咒语”激励自己。

做好身体各部位的拉伸运动。

## 甩开对手的隐藏大招

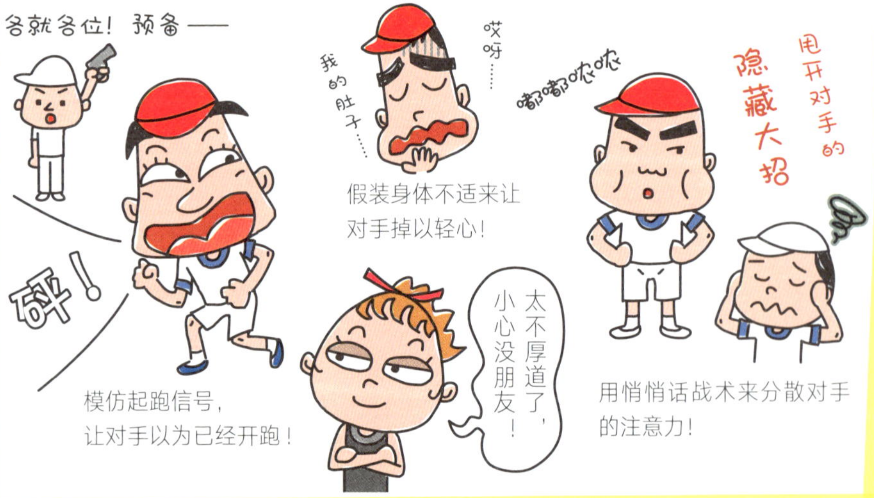
各就各位！预备——
砰！
我的肚子……
哎呀……
嘟嘟哝哝
太不厚道了，小心没朋友！

模仿起跑信号，
让对手以为已经开跑！

假装身体不适来让
对手掉以轻心！

用悄悄话战术来分散对手
的注意力！

格言

# 强者都有一套独创的放松法。

想让
自己的舞步
优雅帅气吗？

# 从今天起你也是『舞王』

谈到跳舞，你首先会想到哪些舞蹈呢？

街舞
芭蕾舞
弗拉明戈舞
夏威夷草裙舞
踢踏舞
集体舞
交际舞
日本舞

还有嘻哈舞！
嘻哈舞是街舞的一种哦。
我选集体舞！

## 成为『舞王』的三大步骤

### 第一步

让身体动起来是所有舞蹈的基础，所以跟着自己喜欢的旋律，自由舞蹈吧。

### 第二步

可以模仿跳舞达人们的舞步。刚开始学可能会有些困难，但其实并不要紧，一步一个脚印，慢慢来就行。

### 第三步

请小伙伴们观看你的舞蹈，给你提提意见。他们可能会发现一些你至今都不曾注意到的细节问题哦。

## 试试这一招吧！

下面我来介绍街舞中的经典动作。大家也可以试着挑战一下哦。

### 隔离

在运动身体的某个部位（例如头、胸、腰）的同时，保持其他部位静止，这是街舞的基本动作。

身体其他部位不要动。

### 太空步

这种舞步给人一种明明在向前行走，实际上却在向后退的奇妙视觉体验。

## 是时候开发你的独门舞蹈了！

构思一支有趣的舞蹈吧。在舞蹈里加入自己擅长的舞步，能提升舞蹈完成度哦。

### 模仿机器或者动物

看我的压路机舞！

嗷呜—

### 边跳舞，边演奏乐器

五木同学，你再顺便敲下这个三角铁呗。

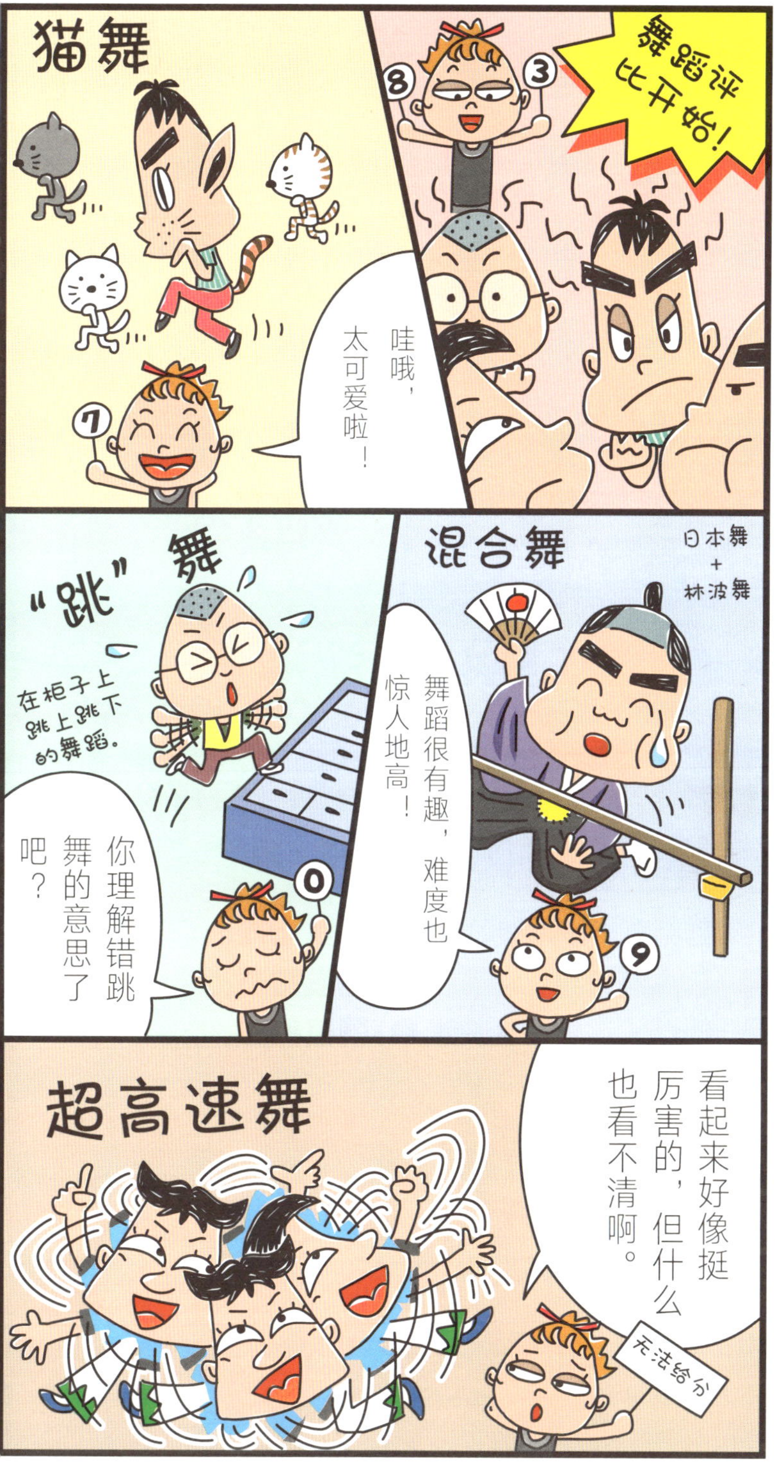


格言

**你喜欢、擅长的事物最能彰显你的个性。**

你这是怎么了？
无精打采的。
唉，我老是唱不好歌……
唱几句我听听？
嘴要张大
挺直腰背
气沉丹田
注意一下这三点，再来试着唱几句吧。
原来如此，我试试。

不错，有进步！这不唱得挺好的嘛！
接下来就要注意**唱歌**时的感情。
感情？
唱准音，不跑调。
富有感情的演唱。
要想唱好歌，最重要的不是唱功，而是要唱得开心。
耶！
要做到这一点，可以试试这一招。
激动中
是什么，是什么？老师快教教我吧！

# 变身音乐家！

把扫帚当吉他。

几把椅子拼在一起就是舞台。

可以把学校或者家里的一些物品用作舞台装置。这样准能吸引眼球。

舞台照明就用手电筒来代替。

从壁橱里粉墨登场。

## 格言

# 学会享受唱歌是唱好歌的第一步。

汤匙当麦克风。

对着电风扇唱。

## 改编名曲

可以试着把经典歌曲中的一部分歌词翻译成英文来唱，一定会很有趣的。

大家一起玩，欢乐更升级。

# 选样乐器，我们来组乐队吧

起点
是
否
想担任乐队的主唱。
原来如此！
哦哦，
紧跟潮流。
想边演奏边唱。
特立独行，不随波逐流。
来看一下哪种乐器适合你吧。

希望成为台上的焦点。

最适合你的乐器

## 吉他

想引人注目的话，推荐你选择吉他。它一定会帮你成为整个乐队里最令人瞩目的焦点！

希望别人夸自己帅，而不是有趣。

最适合你的乐器

## 贝斯

贝斯主要用来调节曲子的旋律。它能演奏出比吉他还低的低音，是乐队不可或缺的一分子，这种讲求合作与奉献的乐器很适合你。

最适合你的乐器

## 架子鼓

架子鼓很适合性格活泼的你演奏哟！它能让音乐本身更具感染力，更加充满力量，将整个乐队的气氛推向高潮。

比起画画之类的艺术，更喜欢体育运动。

最适合你的乐器

## 键盘（电子琴）

键盘的音色非常丰富，可以大大增加乐队可演奏曲目的范围，最适合锐意创新的你。

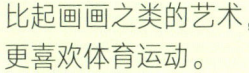

# 练好乐器的要点

## 注意保养乐器

要对自己的乐器倾注感情，花在它身上的时间越多，进步越快。

## 不断练习

千里之行，始于足下。练习乐器也是这样，记得要踏实地练习哟！

## 想象自己在正式演出中的英姿

对自己要有信心，相信自己一定可以练好。

## 配合乐队其他成员一起练习

大家聚在一起练习，欢乐会加倍，再加倍哦。

怎么感觉我是最不出彩的那个呢……
啊，对了！
倒也不能因为这样就把乐器给砸了吧……
哐！
表演组装乐器说不定会很引人注目呢！
别瞎想了，赶紧接着弹！
说不定日后会成为国宝级的贝斯演奏人员。


格言

# 众人齐心，其力断金。

谁说没有乐器就玩不了音乐？

# 身体也可以成为你的乐器

## 有哪些办法可以让身体发声呢？

拍手

吹口哨

跺脚

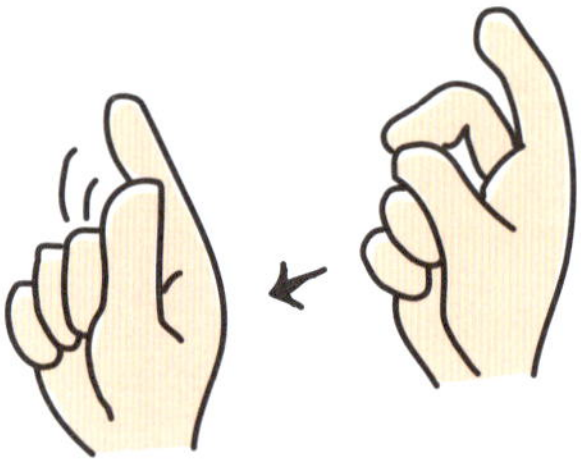

打响指

拍肚皮

和朋友击掌

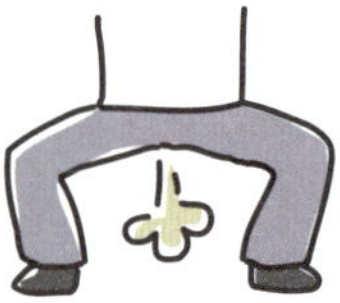

放屁

（饿得）肚子咕噜叫

其他还有什么吗？
这样不行！

格言

# 节奏感的培养无须工具。

试一试！

## 培养节奏感的练习

和我们一起拍手、跺脚来锻炼节奏感吧。熟悉节奏之后，可以加快速度尝试新的节奏。

### 先从简单的开始

啪，咚，啪，咚。（重复几遍）

1
“啪”拍拍手
2
“咚”跺跺脚
3
“啪”拍拍手
4
“咚”跺跺脚

### 接下来加大难度

啪啪，咚咚，啪啪啪，咚咚咚。（重复几遍）

1
“啪啪”
拍手两次
2
“咚咚”
跺脚两次
3
“啪啪啪”
拍手三次
4
“咚咚咚”
跺脚三次

大家可以试着自己编一些新的节奏来练习哦。

让自己的珍藏更惹人羡慕！

# 显摆收藏品的方法

打扰了。
咦，你们怎么来了？
是我叫他们来的。
今天就教大家**显摆收藏品**的方法吧。
芝麻开门！

## 把藏品进行整理、分类是基本之道

用相册或者文件夹来整理，既方便又美观。

显摆收藏品的方法 初级

显摆收藏品的方法

中级

## 用装饰胶条把照片贴在墙上

在墙上用各色的装饰胶条贴一些喜欢的明信片和照片吧。看到这些明信片和照片说不定还可以激发你学习的动力。

装饰胶条用起来很方便，也不会在墙上留下痕迹。

想要在墙壁、天花板上贴的话，记得事先征求家人的同意哦。

## 突出展示一张卡片

把珍藏的明信片和照片装进相框吧，这样看起来更豪华。每天还可以更换相框里的卡片，乐趣十足。

真好看啊！
把杂志上的插画剪下来，放进去好像也不错。

## 除了墙壁，这里也可以装饰藏品

一抬头便可以发现，连天花板上都贴着收藏的卡片！在正对床上方的天花板上，贴上自己最喜欢的海报，晚上睡觉就能做个美梦呢。

贴的时候记得让家长帮一下忙，一定要注意安全哦。

想要在墙壁、天花板上贴的话，记得事先征求家人的同意哦。

## 用身边的工具创造一个漂亮的收藏空间

将细绳、晾衣架或衣夹等生活中常见的小物件稍做加工，就能打造出一个时髦又有品位的收藏空间啦。

## 把珍藏品收在自己的“潘多拉魔盒”里

收集一些日常生活中常见的，但大家都不会注意的东西，也是一种乐趣哦。这些东西都能成为你的珍贵收藏，也会让小伙伴们大吃一惊，对你另眼相看哟！

这是我收藏的各种塑料瓶的瓶盖，怎么样，不错吧？

显摆收藏品的方法

超高级？

格言

创意无限，帅气无限。

### 在衣服上装饰自己的得意收藏

大家一定想时刻把自己喜欢的收藏带在身边吧。一打开衣服，里面都是……这种收藏方式很时髦，极具视觉冲击力！

你看！
这种方法也只有老爸你能想到了。

哇！看这些照片排得真好看。
想看哪个就看哪个，很方便呢。
嘿嘿，怎么样，厉害吧？
看，还有好多奖杯：马拉松赛的、高尔夫球赛的、网球赛的、舞蹈比赛的，连卡拉OK比赛的奖杯都有！
这些都是源先生的收藏吗？

大家都累了吧，我给大家准备了一点小点心，来尝尝吧。
哇！
是蛋糕！
啊？心怦怦地跳。
咦？这儿有个壁橱。里面有什么啊？
呃！
啊，别开那个！
让我们看看里面有什么吧。
嗯，我来打开它。

砸到我了。
妈呀！
丁零咣啷掉出来
不好意思，让大家见笑了。这，这也是我显摆藏品的一种办法，哈哈哈。
老爸您真会说啊！这也算？

第2章

# 教你“玩”出新花样

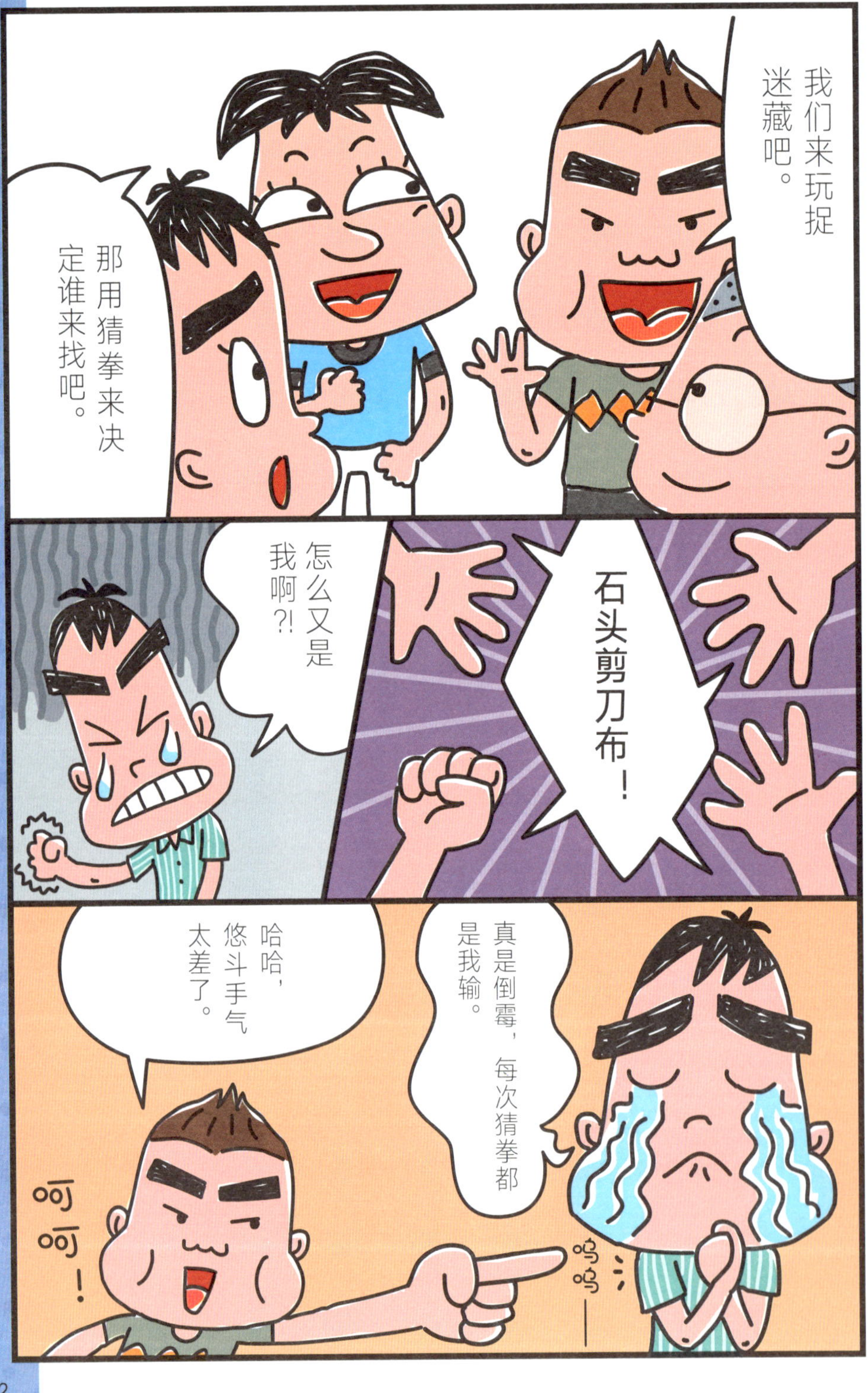
我们来玩捉迷藏吧。
那用猜拳来决定谁来找吧。
石头剪刀布！
怎么又是我啊?!
真是倒霉，每次猜拳都是我输。
呜呜——
哈哈，悠斗手气太差了。
呵呵！

赢石头剪刀布者赢天下哦。
悠斗，猜拳可不是完全靠运气的哟！
是吗？
想知道猜拳的秘诀吗？
想！想！快教教我！

善于观察，学会心理战术！

# 猜拳必胜法

必胜法 必胜i

看到对方很兴奋时，就出『布』。

猜拳时，发现对手的手握得很紧，看起来很兴奋的话，他就容易出“石头”。这时你就可以出“布”来出奇制胜。

必胜法 必胜i

按『石头—剪刀—布』的出拳顺序来取胜。

对手一开始用“石头”赢了的话，下一轮就不容易再出“石头”了（可能出“剪刀”或“布”）。也就是说，在这种情况下，第二轮你出“剪刀”的话就可以保证不输（胜或者平局）。

## 必胜法 必胜法3

**下一轮想出什么，就直接大方地说出来！**

注意，我下一轮要出『石头』哦。
真的？你在骗我吧？我不信……

猜拳时可以用迷惑性的语言来干扰对方。当然，不必按你自己刚才说的那样，说什么就出什么。怎么样，这招够狡猾吧？但其实这就是一种心理战术。

不过，这招有个缺点。当你想用这招时，你的对手可能会这样“反击”……

悠斗你这么狡猾，你不说我也知道你接下来要出“石头”。我说得对不对？
竟然说我狡猾，不高兴了。那我一会儿偏就出“石头”！

对方这样回你的话，你就会按刚才自己说的套路来出拳。

必胜法

必胜法4

# 事先说出自己的出拳预测，来迷惑对手！

“你会出……”可以在双方就要出拳的那一刻用这招。对手就容易突然出和你刚才预言不一样的拳。

预言对手出“石头”，

你就……

出“剪刀”！

预言对手出“剪刀”，

你就……

出“布”！

预言对手出“布”，

你就……

出“石头”！

按上图的方式来出拳，会大大增加你的胜算哦！

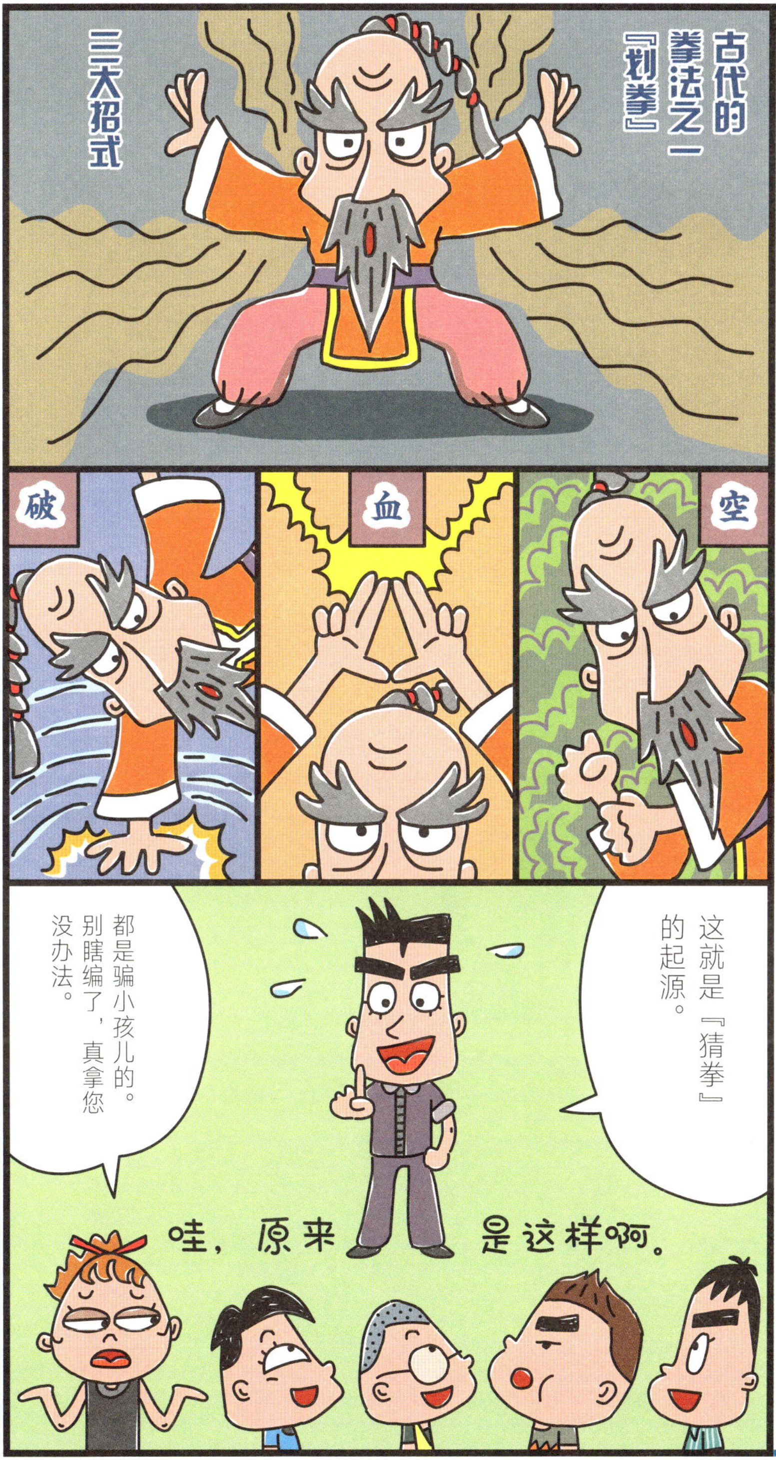


格言

**运气不可靠，『察言观色』才重要。**

## 爱笑的人，人缘不会差。

笑容有着神奇的力量，可以治愈人心。比起不苟言笑的人，你是不是和开朗爱笑的人更容易说上话呢？

大家生活中有没有这样的尴尬经历？
你：
不笑的我多酷啊。
你可能是这样想的。但……
你周围的人：
他应该不会跟我们一起玩吧？算了，不去叫他了。
那人眼神好可怕，他肯定生气了。
你周围的人却是这么看你的。

## 锻炼脸部笑肌

不喜欢笑？没事儿，我们一起来锻炼一下脸部的肌肉吧。

说“E”
表情不错哦！

对着镜子，试着发出字母“E”的音，嘴角向两侧上提打开。看，这不就笑了嘛。

## 用搞怪表情来逗小伙伴开心

尽情地搞怪来逗笑大家吧。这样既能锻炼脸部肌肉，也能让你的表情丰富起来哦。

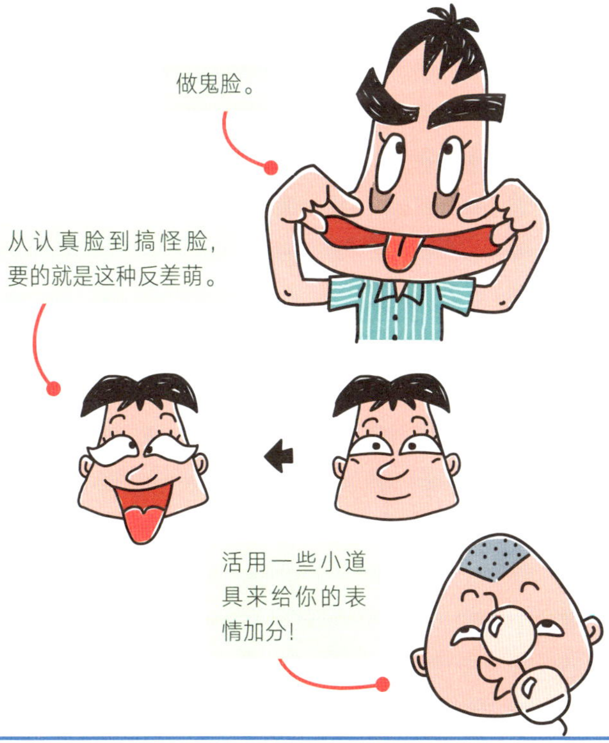
做鬼脸。
从认真脸到搞怪脸，要的就是这种反差萌。
活用一些小道具来给你的表情加分！

# 笑得手舞足蹈就更有意思了

和小伙伴们聊得热火朝天的时候，配上一点夸张的动作反应来活跃气氛吧。

## 配上肢体动作

高兴的时候不要害羞，手脚并用来表现自己的喜悦吧。

笑得直拍手跺脚。

哈哈，太搞笑了（笑得四仰八叉）！

## 边笑边用手指着对方

平时用手指指着别人是很没礼貌的行为。注意这样的动作仅限于好朋友之间开玩笑的时候哟！

哈哈，这个笑话真好笑！

## 捧腹大笑要有个度

大家一定有过这样的经历，笑过头了肚子就会不舒服，所以这种时候活跃气氛就要靠肢体动作了。

哎呀，笑得我肚子痛死了。

格言

# 笑口常开好，越笑生活越美妙。

## 一起来学习一些搞怪的笑法吧！

让我们一起模仿漫画中人物的笑法吧，笑一笑十年少哦。

### 哼（用鼻子吭声冷笑）

一种可以显示自己从容不迫的笑法，带有挑衅、轻蔑的意味。

### 咯咯地笑

这种笑法容易引起对方的注意，让人觉得好像你有什么秘密似的。

### 哈哈哈（放声大笑）

胜利的时候，就用这种扬扬得意的表情仰天长“笑”吧。

这表情把人吓跑了
可怎么办……

### 嘿嘿嘿地笑

这种笑法再加上猥琐的表情，会让人很不舒服。

培养友谊的办法

# 取个响亮的外号吧

**用外号称呼对方，更能彰显你和小伙伴之间的亲密友情哦。**

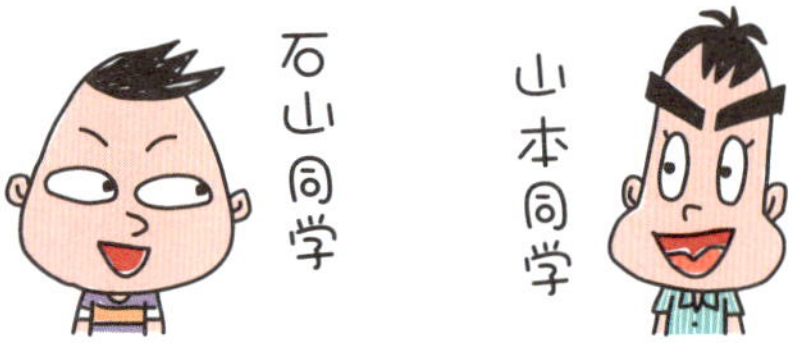
石山同学
山本同学

给小伙伴取外号也要符合对方的心意。如果小伙伴或者周围的人不喜欢的话，就别再叫了。

给不是很熟悉的朋友取外号，可以试着用“缩字”这个办法。比如，在对方名字中的某一个字前面加上表示亲切的“小”等称呼，而不称呼全名，就可以更好地拉近你与小伙伴之间的距离。

小石头！
小山贤！

举例：给山本贤一取外号，就可以叫他“小山贤”。

友情亲密度：50%，就取这样的外号

# 友情亲密度：80%，就取这样的外号

跟关系较亲密的小伙伴之间，可以取一些更『精致』的外号。

## 取外号找相似

外号可以取漫画或游戏人物名、演员名、动物名等，但注意要避开一些带有贬义的外号。

## 重复名字当外号

比如说，你和路易打招呼，就可以用“路易路易”来称呼；和小龙打招呼，就叫他“龙龙”。

## 取外号看优点

魁梧威风的小伙伴可以称他为“老大”；有领导才能的小伙伴可以取“队长”的外号；擅长唱歌的小伙伴则可以叫他“歌星”。

## 友情亲密度：100%，就取这样的外号

小伙伴可以和密友互相取一个霸气的绰号哦，但这个绰号要符合对方的性格和外貌特征。

小龙力气大，名字里又带有“龙”字，就可以这样取绰号。取“力”和“龙”的英语，就变成了“Power Dragon（大力龙）”。

### 大力龙

### Mr. 超级特快悠斗

从小伙伴的优点出发，联想一些事物，从这些事物中可以想出一些特别的绰号。比如说，悠斗因为跑步很快，给他取“超级特快列车”的绰号就十分合适。

“哪儿的 XXX”是取绰号的基本形式。“哪儿”可以是街道名或者小学的名字。

## 三号街的搞笑艺人——路易

## “净坛贤者”——五木

这个绰号送给爱吃食堂饭的五木。在小伙伴的外号里加上“魔人”“贤者”“猎人”等充满魔幻色彩的词，更加符合小伙伴的特点，也更有趣哦。

格言

**响亮的外号让友谊的小船行稳致远。**

简单游戏套路多

# 词语接龙大通关

## 运用『的』字战术，将胜利收入囊中

汉语中以『的』字开头的词语相对比较少，只要你说出以『的』结尾的词，对方往往很难接下去。

格言

**想要成为词语接龙达人，就从积累词汇开始。**

## 万一对方说了以『的』结尾的词，你该怎么接？

对方说了以『的』等其他难接的词时，你可以另辟蹊径或者『以其人之道还治其人之身』。

的确

似的

还是

于是

兮兮

记得事先多查一些这样的词语哦。

## 改规则，添乐趣

稍微动点脑筋，改变一下词语接龙的游戏规则，就能有不一样的游戏体验哦。

### 10秒接龙

考虑时间只有10秒钟。在倒计时中，感受游戏带给你的紧张感和刺激感吧。

3
5
4
2
6
8
7
9
10

### 指定主题的词语接龙

规定一个主题，所有人说的词只能在这个范围内。例如，主题可以为“生物”“家庭生活用品”等。

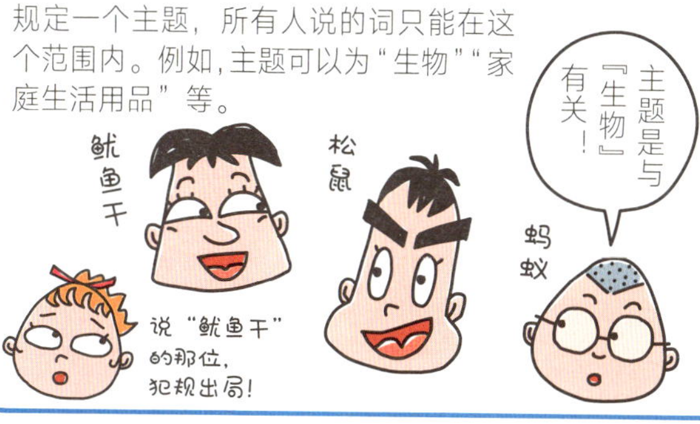
主题是与『生物』有关！
鱿鱼干
松鼠
蚂蚁
说“鱿鱼干”的那位，犯规出局！

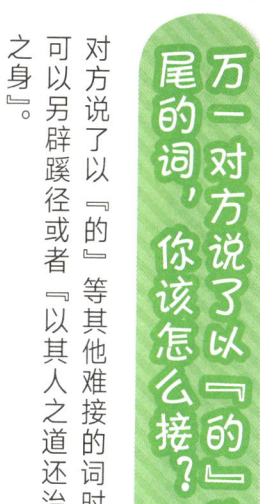

咦？路易，你手里拿的是什么？
小丽给了我一张字条，但我看不懂她想表达什么……
你我好欢喜。
欢喜？
这个肯定是字谜吧。
改变字的顺序，就会变成别的意思哦。
字谜？
『你我好欢喜』重新排序，就会变成——
『我好喜欢你』！
哇——

## 重组

重组是一种通过重新排列词语或句子中的文字来形成新意思的游戏。快用这个方法向朋友们传递暗号吧!

例 星球→球星
事倍功半→事半功倍
他是非常聪明的小孩→他小孩是非常聪明的

## 回文

顺着念和倒着念时意思相同的句子或词语,叫作回文。在回文中加入朋友的名字,会更有趣哦!

例 李总理 / 奶牛产牛奶 /
上海自来水来自海上

## 设谜语

举出某两个词或句子，并找出其中让人意想不到的共同点。
基本句型：“题为〇〇，以△△解之。理由何在？”

题为『水果』，以『雨天』解之。理由何在？
理由何在？
因为『水果』和『雨天』的笔画数都是12。
还能够考验你的幽默感和语言能力哦！

## 藏头文

把题目中的各个文字作为文头，重新造句。
会不会写出有意思的文章呢？

汪
早上好！

▶ 题目：《早上好》

**早** 上我和楼下的狗打招呼，

**上** 来之后它竟冲着我大叫，

**好** 一只恶犬！

格言

**聪慧机敏、幽默风趣是人气之星的名片。**

## 人非机器

我肚子饿了。

每个人都有自己的个性。找出你模仿对象的性格特点，加以强调，还原度就能大大提升哦。

步态

说话方式

是啊，也对。
不管怎样，我反正是这么想的。

行为举止

时装

确定了模仿对象，就好好观察人家的穿着打扮，还有一言一行吧。

## 实践1 模仿口头禅

平时要留意模仿对象的口头禅。当你声情并茂地再现这些口头禅时，大家就能知道你是在模仿啦。

## 实践2 模仿说话风格

想象你的模仿对象平时喜欢说什么样的话并试着模仿吧。

模仿实践篇

模仿对象可以是自己熟悉的人，比如说学校的老师、同学，他们都是不错的选择。

## 实践3 做到“语出惊人”

你在模仿人家的行为举止和说话方式的同时，也可以说一些那个人绝对不可能说的话。这样的反差往往能逗笑小伙伴。

人家就想吃100个大福饼嘛！
我模仿的是莉子。
哈哈，莉子平时可不这么说话。
糟糕！莉子发火了。

以上几点大家都学会了吗？

**做到这几点，你就是模仿大师了。**

另外，把你自己想象成你的模仿对象，让自己完全进入状态是模仿成功的关键哦。

阿嚏
差不多就得了！过度模仿，可是会遭人嫌的哦！

格言

# 慧眼识个性！

让全班哄堂而笑的秘诀？

# 解忧电台的搞笑段子

DJ源
大家好，欢迎收听我们的解忧电台节目，我是你们的主播源。
我们今天的主题是『搞笑段子』，下面就让我们来看看听众朋友们关于『搞笑段子』都有哪些疑惑吧。

好不容易讲个搞笑段子，小伙伴们却没有一点反应。这种情况我该怎么办？

讲搞笑段子靠的是气势和声音。首先声音要洪亮，然后再配上一点夸张的动作，这样就能成功引起小伙伴们的注意啦！

之前
鼓掌不出声。

之后
没有鼓掌声？
我的脚可是在『鼓掌』哦。

我也想玩搞笑段子，但就是没有什么好点子。可以请主播先生给我一点建议吗？

根据限定场景来试着想段子吧，这样就会容易很多哦！比如可以想象“和朋友分别的时候”“吃惊的时候”“早晨和人打招呼的时候”等一系列的场景。

我觉得自己的段子挺搞笑的啊，可大家就是不买账。这该怎么办？

讲完一个段子后不要停，继续重复一两遍。这样做能让你的段子听起来更搞笑哦！

我想请问一下，该怎么做才能让自己独创的搞笑段子在小伙伴们之间流行起来？

那就拉上小伙伴们一起吧。要是有两三位小伙伴主动模仿你的段子的话，“一炮而红”就准没问题！

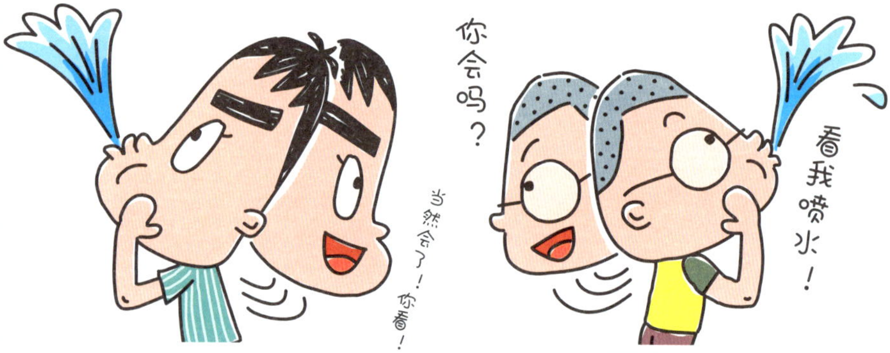

小伙伴讲的段子，我总是抓不到他的笑点，这样好尴尬啊。有什么办法可以不冷场吗？

如果这样就冷场的话，说明你的交际能力不够。遇到这种情况，你也可以用段子来向小伙伴表达你自己的“无聊”或“为难”。

好热啊！
热得我都要化了……
哈哈，我刚才的段子讲得怎么样啊？
还行吧，有点搞笑。
地下的鼹鼠被逗得大笑。

格言

## 不怕失败，方得成功。

发现未知的游戏

# 一起开发个新游戏吧

最近老是玩一种游戏，玩得我都腻了。
那我们来想个新游戏吧。
扑克牌
猜拳
掰手腕
卡牌
拔河
绕口令
老鹰捉小鸡
躲猫猫
扮鬼脸
象棋
积木
棒球
足球
躲避球
跳绳
乒乓球
捉昆虫
试着将上面的这些游戏两两组合，来创造一些新游戏吧。

## 这种游戏怎么样？

日本象棋 + 猜拳

歩
歩
王
銀

将军！
剪刀，石头，布呀！
我又赢了！

猜拳赢了的话就可以走一步棋。如果运气好，猜拳一直赢的话，就能连走好几步棋哦。

## 这种游戏怎么样？

绕口令 + 卡牌

读的人要快速念出牌上的内容。
能不能听清楚就是胜负的关键。

## 这种游戏怎么样？

躲避球 + 老鹰捉小鸡

当老鹰的小伙伴手拿球，被球砸到或被老鹰抓到的人就当下一个老鹰。

## 这种游戏怎么样？

扮鬼脸 + 掰手腕

形式和平常玩的掰手腕游戏一样，但是可以通过做鬼脸来让对方分心。另外，两人必须对视，不然就算犯规。

## 拒绝这种游戏！

要拒绝容易受伤的游戏。玩新游戏前，要和一起玩的小伙伴先确认下这个游戏是否安全。

## 拒绝这种游戏！

嘿，看我的！
这是混合了扑克牌、棒球、积木、捉昆虫的新游戏哟。玩游戏前记得读一下《游戏规则说明书》哦。
游戏规则说明书

规则太过复杂的游戏不可取。想一个大家都能玩的简单游戏吧。

大家也来一起集思广益吧。

格言
游戏似生活，推陈出新时常有。

捕捉并观察
变身昆虫博士

# 全身装备很重要

像树林、草坪这类地方是捕捉昆虫的绝佳场所。但注意可要『全副武装』哟，准备不充分的话是很容易受伤的。

不建议穿戴颜色鲜艳的衣服和帽子，容易招马蜂。推荐浅色的衣服和帽子。天气热的话，记得戴顶帽子以防中暑。

再热也尽量要穿长袖衣服。记得不要暴露过多皮肤哦。

记得穿长裤，以防被草割伤或被蚊虫叮咬。

为了方便双手活动，选择背双肩包。

铠甲装又热又不方便，所以也不推荐。

不穿暴露过多皮肤的T恤、短裤。

这行头也太奇怪了吧。

哇！是源先生！
哎呀！让它逃了。
大家这是怎么了？
根本就抓不到昆虫嘛。
首先要找到它们经常出没的地方
用心去找，这才是捕虫最重要的一点，也是其乐趣所在。比如要抓独角仙或者锹形虫的话，就可以去有树木的地方找，因为树木流出的树液会吸引许多独角仙和锹形虫。

# 用这种方法来捕虫，十拿九稳

摇树干或者树枝可以让那些藏在树上的虫子掉下来。找到一棵合适的树试试这招吧。但要小心掉下来的可能还有毛毛虫和蜘蛛哦。

在草丛里左右摇动网兜试试，这样藏在草里的虫子就会飞进网里，有时还可能会有意想不到的收获哟！

## 捕到昆虫后记得做一下相关调查

用图鉴或者电脑来了解一下你找到的是什么昆虫吧。

通过自己动手、动脑来捕捉、调查，这样得来的昆虫知识印象深刻，相信你一辈子都不会忘记的。

**格言**

# 基于经验的知识永远都在闪耀着光芒！

太过瘾了。
我也是！你看，我还抓到了独角仙呢。
大家快来吃午餐吧。
对了，大家知道世界上大概有多少种昆虫吗？
嗯，怎么也得有300种吧？
1万种左右？

正确答案：有
100万种以上！
什么？有那么多种？
另外，根据科学家们的推测，未被发现的昆虫种类可能有已知昆虫种类的数倍之多哦！
这数目好吓人！
说不定我们身边就有还没被发现的昆虫新品种呢。
哈哈哈！
哈哈哈！

응응응응!
응응응!

第3章

# 在日常生活中胜人一筹

大家注意一下，今天我们班上会转来一位新同学和大家一起学习。
那么，先向大家介绍一下你自己吧。
大家好。
我是从勉学小学转来的五十岚悟。
我喜欢体育运动，以前是学校棒球队的三垒手。
我最近对做菜也很感兴趣，而且想亲手制作一顿食堂饭。

大家可以叫我小悟，我希望能和大家成为很好的朋友，谢谢大家。
掌声雷动
小悟，你的座位在五木的旁边。
你好！
你，你好。
哇！小悟真厉害，已经和大家玩到一起了。
小悟刚才的自我介绍很精彩呢。

初次见面就抓住对方的心！

# 百试不爽！自我介绍的心得

## 你是怎样的一个人？

要想做好自我介绍，首先就得充分了解自己的性格、喜好、优点等。大家试着用『我……』的句型来介绍自己吧。

我的话，应该是这样。

- 我很贪吃。
- 我喜欢和大家一起玩。
- 我爱吃拉面。
- 我擅长理科。
- 我不会游泳。
- 我性格要强。
- 我的家乡在埼城玉县。
- 我是白羊座。
- 我爱吃咖喱饭。
- 我将来想当一名厨师。

大家也可以试着这样介绍自己哦。看着简单，但实际说起来可是很有难度的哦。
果真是个贪吃鬼，三句不离吃……

# 自我介绍的要点

把握自我介绍的三个要点，就能给对方留下好印象。

## 要点1 微笑

微笑可以说是自我介绍中最基本的一点了。说话时要面带微笑，眼睛要看着对方；尤其是在大家面前做自我介绍时，眼神要照顾到所有听众。

加上适当的手势和动作，会给你的自我介绍加分哦！

## 要点2 具体介绍自己的喜好

关于自己最喜欢的事要具体介绍。比如，不要只说“我喜欢读书”，可以具体举例说“我特别喜欢读历史小说”等。

我超喜欢动物的，特别是大型猫科动物。

## 要点3 说对方感兴趣的话题

如果事先知道对方对什么话题感兴趣的话，可以在自我介绍里适当加入这些内容，这样会帮助你们快速建立友情。

你喜欢做菜啊。其实，我以后想当厨师。
哇！听起来不错嘛！那五木同学你喜欢什么菜呢？

# 高大上的自我介绍

想让你的自我介绍给人留下深刻印象的话，还可以这样做。

## 主动告诉小伙伴们你的外号

告诉小伙伴们你自己的外号，可以快速拉近你与小伙伴们之间的距离。

我叫石山悠斗。大家都叫我『悠斗』或『小石头』。

## 用藏头文来自我介绍

用自己的名字作一首藏头文，这样的自我介绍显得更幽默和智慧。

五冬六夏，元气满满，木叶风华，独爱配餐。大家好，我是五木。

## 这样的自我介绍✗

自我介绍是为了能让不熟悉你的人初步地了解你。所以，自我介绍时要注意避免一些让人感到不愉快的举动哟。

我喜欢唱歌，请允许我为大家高歌一曲。
啦啦！
这人什么情况……
啦啦！
大家好啊！

格言

# 把握好第一印象，之后就能顺风顺水。

## 试着做一张自我介绍的名片吧

把你自己手写的自我介绍卡片交给对方，这样可以让对方更快记住你。

热心助人就是我！
内田龙！
我喜欢的运动是摔跤。

为了方便对方浏览你写的内容，卡片上的信息不宜过多、过密，选一些你最想突出表现的内容写上去就行。
你也可以和好朋友们交换卡片，说不定还能借此机会发现小伙伴们『鲜为人知』的一面呢。

转危为机！

# 教会你真诚道歉的讲座

## 初级 『马上道歉』是基本，『态度认真』来助力

如果自己做了不对的事，不要犹豫，立刻诚心地向对方道歉吧。

# 别找借口

中级

真的对不起，我下次一定把自己的值日时间记清楚。
这样的道歉方式
都怪路易说要去玩，我一高兴就把值日给忘了。
什么？这事怪我咯？

无论有什么理由，做错了事就要先道歉，之后如果能再做一些补救性的工作那就最好。但切记不要一味地找借口来为自己开脱，这样只会让对方更加生气。

# 态度端正，言辞诚恳

高级

让您担心了，真是不好意思。
没关系，没关系。
这样的道歉方式
行了，知道了。

道歉时要端正态度。另外，跟长辈道歉时，要注意你的言辞，选择更尊敬的表达方式，才能显示出你的满满诚意。

# 道歉并不可耻

即使别人看见你在道歉，你也无须害羞。能诚心认错的人才能得到周围小伙伴们的信任。

你当场道歉，对方可能不会马上原谅你。在这种情况下，你可以通过写信来表达自己的歉意。

格言

**能真诚道歉的人才是真帅气。**

糟糕！这可怎么办？！

# 在学校不好意思上厕所？

梆的一声
欸？
真舒服啊，就是——
咦？
他们在学校上厕所不害羞吗？
上厕所表示你的消化功能一切正常，有什么好害羞的啊？

# 上厕所没什么好害羞的

只要吃了东西，过一段时间就会上厕所。这是很自然的事。即使小伙伴们拿这个说笑，你也不必在意。

格言

# 身正不怕影子歪。

## 千万别憋着不去上厕所

老是故意憋着不去上厕所的话，久而久之身体就会出现问题，甚至还有可能生大病！

### 憋着不上厕所的话……

没法集中精力学习。

头好晕啊……

肚子痛，身体不舒服。

### 还可能变成便秘体质

好累啊，
什么也不想干……
这都蹲了几回厕所了，还没完。

要知道，排便不规律还是其他一些严重疾病的诱因哟！

争取养成每天早餐后，上完厕所再去上学的习惯。
上完厕所就是舒服！

人生的三分之一时间是在睡眠中度过的！

# 安然入睡的小窍门

## 为了可以安然入睡，大家在睡前都干些什么呢？

● 困了就去睡

才6点，我怎么就这么困呢……

● 通过剧烈运动来消耗体力

● 红茶 + 巧克力 = 睡前小点心

这些习惯都不好哦！
什么？

## 睡得好的窍门

想要安然入睡，晚饭后就得注意这些事。

### 生活要规律

自己规定睡觉、起床的时间，到点了就准时就寝或起床。

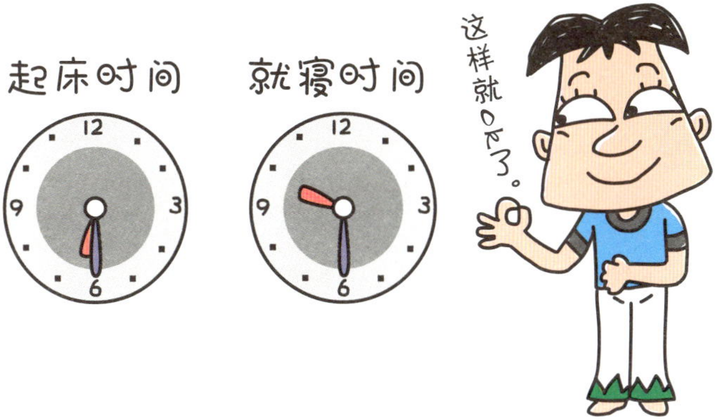


### 注意运动量

睡之前切忌做俯卧撑、仰卧起坐这样的剧烈运动，这些运动会让你原来疲惫的身体又重新回归兴奋状态，你就睡不着了。

### 拒绝咖啡因

睡前记得不要摄入含有大量咖啡因成分的食物或饮料。

# 用独创的『入眠仪式』来帮你入睡

『入眠仪式』指的就是睡前准备。养成睡前准备的习惯，每天都有精致好睡眠哦。

## 一些“入眠仪式”

### 换睡衣

睡觉前记得换上一套睡衣。

### 播放自己喜欢的音乐

可以选择一些旋律舒缓，适合睡前听的曲子。

### 适当做一点伸展体操

轻度的伸展体操可以帮助你放松身心。

### 回忆今天发生的事

注意只要回忆今天发生的好事就行。

## 这样的“入眠仪式”

**不要想太复杂的事**

睡前想太复杂的事，只会增加你的压力，让你更加烦躁。

**睡前看电视或玩手机**

在睡前，眼睛受到明亮光线的刺激，会让你难以入睡。

## 要是还睡不着怎么办？

**格言**

**睡好才能精神好。**

试了好多办法，就是睡不着。想必大家也有过类似的经历吧。这种时候，就试着去读一些你不喜欢的教材吧，你准能越看越困……

### 心里有事，所以睡不着？

因为心里烦而老是睡不着的话，可以向父母、老师、朋友们倾诉，别一个人扛着。

有名的主持人都擅长聆听。

# 学会聆听

## 你是否在为自己不会说话而感到烦恼？

**学会聆听，你的对话能力自然而然会得到提升哟！**

为了检测自己是否懂得聆听，大家试着做做下面3道题吧。

### 问题 1

对方说：这本漫画书很好看哦。
小学生职员“源”

这时你会怎么接话？请从以下选项中选择一个答案。

1. 从这本漫画的题目来看，就感觉没意思啊。
2. 最近好多好看的漫画都被拍成了动漫呢。
3. 还没有我不知道的好看漫画呢。
4. 是吗？这漫画讲了什么？

## 问题2

这时你会怎么说？

1. 肯定是你碰到了人家爷爷吧。
2. 这有什么好在意的，忘了吧。
3. 我还老是被我妈骂呢。
4. 那的确是挺让人生气的。

## 问题3

这时你该怎么说？

1. 这算什么，我可比你游得远多了。
2. 哦，对了，你看昨天的球赛转播了吗？
3. 我之前也去海里游了好一会儿呢。
4. 不错嘛，真厉害。

都答完后请翻到下一页。

这样回答的话，对方就会很开心，你们之间的话匣子也就随之打开了，你也就做到了“擅长聆听”。

## 反过来，这些话不能说……

- **否定对方的话，让对方难堪。**

（问题 1 — 3 的①就属于这种情况。）

- **随意终止对方的话题。**

（问题 1 — 3 的②就属于这种情况。）

- **明明是对方在说，你却开始说自己的事。**

（问题 1 — 3 的③就属于这种情况。）

格言

# 懂得聆听的人，人缘不会差。

## 如何表现你『懂得聆听』

要认真听对方讲的话，给出一定的反应。如果是你也感兴趣的话题就大方地接话茬儿吧。

### 点头

对方在说话时，眼睛要注视对方，并不时地点头予以回应。

### 随声附和

在你的回答里可以适当加一些“原来如此”“然后呢，然后呢”“真厉害”之类的话。

## 试一试！

## 模拟采访

变身小记者，试着去采访一下小伙伴们吧。这可是锻炼你聆听能力的好机会哦。

# 什么也不想干!

整天游手好闲，一事无成。

从早上开始就发呆。

我还有家庭作业、预习。
漫画

虽然总有“再不做就来不及了”的危机感，但就是拖拖拉拉，迟迟不肯动手。

快去洗碗!

不想干的活儿就无视。

你是不是也有上面的这几种情况呢？如果有的话，就让我来教你几招激励自己奋发向上的绝招吧。

沐浴朝阳
早起拉开窗帘，让全身去接受朝阳的洗礼。这样做可以让自己头脑清醒，保持充沛的精力。
早上好啊，太阳公公。
好，你好（尴尬）。

在纸上记下今天要完成的事情
把今天要做的事详细地记下来，这样做一目了然。你的干劲自然十足。
和每个遇到的人打招呼。上课积极举手回答问题。在晚饭前完成家庭作业。化身『日理万机』的『总统先生』。
完成最后一条好像难度有点大啊。

## 从小目标开始入手

对于困难的事情或需要花时间去做的事，可以『大化小』，把大问题分成一个个小的阶段，每个阶段设立一个小目标，再逐个攻破。

## 不要抱怨

在做『学习』『帮忙干活儿』等你不愿意做的事时，试着想想怎么干才能放松，而不是一味地抱怨、叫苦。

全身心投入

以玩游戏的心态来享受工作

格言

# 『干劲』助你打开广阔世界的大门。

不懂英语？

# 想和外国人交朋友吗？

你看，源先生在和外国人说话。
他们看起来关系不错啊。
源先生，您会讲英语吗？
不怎么会，但我有办法可以跟他们交朋友。

## 第一步

### 握手很重要

有礼有节

和外国朋友打招呼时，眼睛要看着对方，同时握手时要热情，不要有气无力。

要记住外国朋友的名字。即使不会说英语，互相叫对方的名字，也能拉近两个人的距离哦。

要学会用肢体语言，还有表情来努力地向外国友人传递自己的想法。也许你们语言不通，但这样做的话，你的心意也可以传达给对方。

## 第四步 一起玩游戏

可以跟外国朋友一起玩一些规则全球通用的体育运动和游戏，在运动和游戏中拉近彼此的距离。

## 第五步 齐心协力完成一些活动

试着和外国友人合力完成一些工作或一起做顿饭。
活用这几个经验，和外国友人好好相处吧。

格言

努力表达自己的所想所感吧。

怎么做才能受到伙伴们的欢迎呢？
我也想问这个问题。
我对这些可不感兴趣。
果然还是靠颜值？
还有身高？
NoNoNoNo！
是这样吗？
大家都喜欢那些穿衣打扮有品位的人。所以穿着得体这一点是很重要的。

# 挑选适合自己体形的衣服

微胖、苗条、瘦小、标准，大家来对号入座吧，看看自己属于哪种体形。

## 微胖的你

建议穿尺寸正好的衣服和裤子，无需太宽松或太紧身。

上身里面可以穿件T恤，外面再配一件带纽扣的衬衫。这样给人一种清爽的感觉。

裤子可以配蓝色或者黑色。

## 身材苗条的你

上半身穿得适当宽松些，下半身的裤子可以紧身些。

帽子其实也是很好的饰品哦。

可以穿假两件来撑起你的身材，上衣推荐白色、米色，或者带横条纹的。

选的上衣颜色如果很亮的话，下身就搭黑色的裤子吧。

## 身材瘦小的你

上衣要引人注目，下身的裤子可以搭配得朴素些。

别把拉链拉到顶，拉到胸前适当的位置，使之形成一个“V”字形的区域。这样能让你显得更高一些。

裤子尽量选细裤筒的。千万别选裤筒肥大的裤子，它会让你显得更矮。

## 标准体形的你

基本上穿什么都合适，是个行走的“衣架”。这样体形的你可以尝试各种不同类型的衣服。

但注意别选太花哨或者配色过多的衣服哦。

格言

# 改变外表是积极向上的开始。

## 假期的别样打扮

假期的时候就脱下校服，换上另一套自己喜欢的行头，和小伙伴们出去散心吧。这套行头可以展现一个不一样的你，也可以让小伙伴们对你刮目相看哦。

### 少爷风

展现自己高雅的一面

### 摇滚风

展现自己狂野的一面

### 浴衣风

展现自己清爽的一面

### 卡通人偶风

展现自己可爱的一面

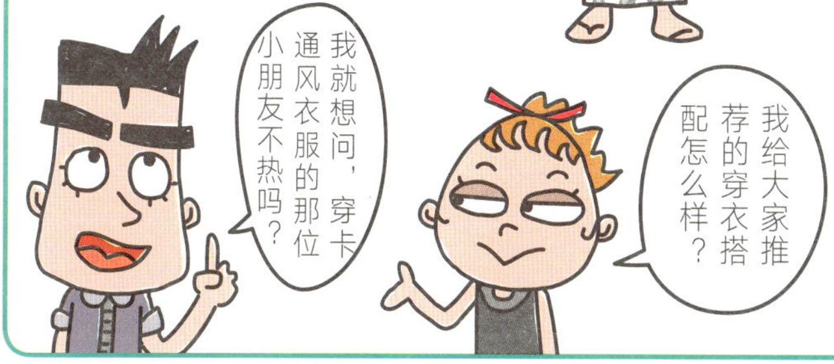
我给大家推荐的穿衣搭配怎么样？
我就想问，穿卡通风衣服的那位小朋友不热吗？

目标！
清爽型男

# 如何展现爱干净的一面

## 保持整洁比什么都重要

不注意保持外表的干净整洁，无论你穿得怎样时髦，都是白搭。

### 必备手帕或者小毛巾

洗完手或者流汗后，不要用衣服擦，学会使用手帕或者小毛巾。

### 注意汗臭味

你自己可能对体味不会很在意，但记得在洗澡时要好好洗洗耳后和脚趾这些容易忽略的地方哦，这样就可以减少出汗带来的体味，给人留下一个清爽的好印象。

## 在日历上确定剪指甲日

手是经常和其他人接触到的部分，因此不要留长指甲。自己可以每个月定几个时间，然后在日历上做记号提醒自己按时剪指甲。

## 注意整理收拾

如果你只是表面爱干净，但自己的桌子上却乱糟糟的，这样给人的印象也不会很好哦。想要当个“清爽型男”，就一定要注意整理内务。

注意一下这些小细节

## 注意鞋子的整洁

大家很容易忽略自己的脚。但做好脚上的清洁工作的话，别人对你的好感度就会大幅提升哦。

## 注意睡相

大家想必都有早上起床时，发现自己的头发被压得乱七八糟的情况吧。为什么会这样呢？难道大家都是洗完澡直接去睡了？这种习惯可不好哦，容易给你的印象值减分。记得吹干头发再去睡觉。

在下面的条目里选择符合自己情况的选项吧。符合就打☑哟！

## 个人卫生大检查

- ☐ 1 随身携带手帕、卫生纸。
- ☐ 2 头发不蓬乱。
- ☐ 3 指甲长度适中。
- ☐ 4 认真刷牙，牙齿里不留食物残渣。
- ☐ 5 晨起洗脸。
- ☐ 6 在晚上或者第二天早上泡个澡、淋个浴。
- ☐ 7 用毛巾擦汗。
- ☐ 8 保持鞋子整洁。
- ☐ 9 裤子没有破洞。
- ☐ 10 保持桌面整洁。

格言

『爱干净』是最基本的礼仪。

人脉大拓展!

# 找到小伙伴的闪光点

眼神看起来很可怕的浩一同学

其实很有爱心，经常照顾小动物。

看起来很忧郁的一辉同学

跟他聊过才发现，其实他人很有趣。

大家都真正了解你的小伙伴吗？

# 别总是记得小伙伴的不好

如果你老是认为“他哪里不好”，那你们永远也成不了好朋友。

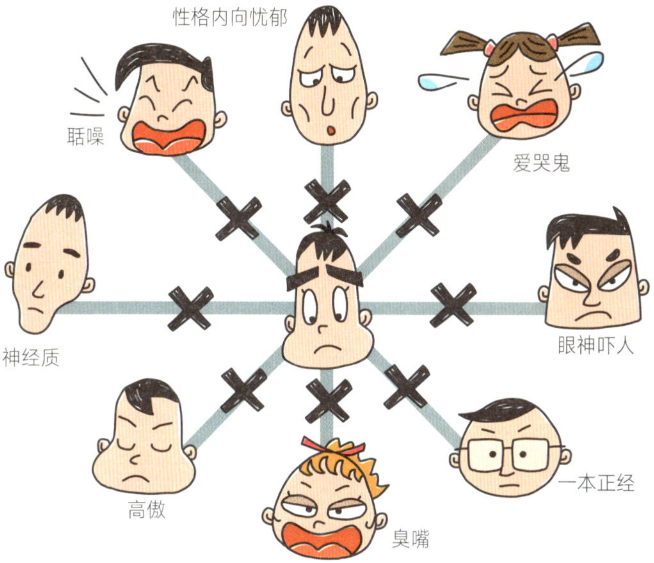


别被表面所迷惑，用心和小伙伴去交流，就一定可以找到小伙伴的优点，还有你和小伙伴之间的共同点，甚至是小伙伴的闪光点。

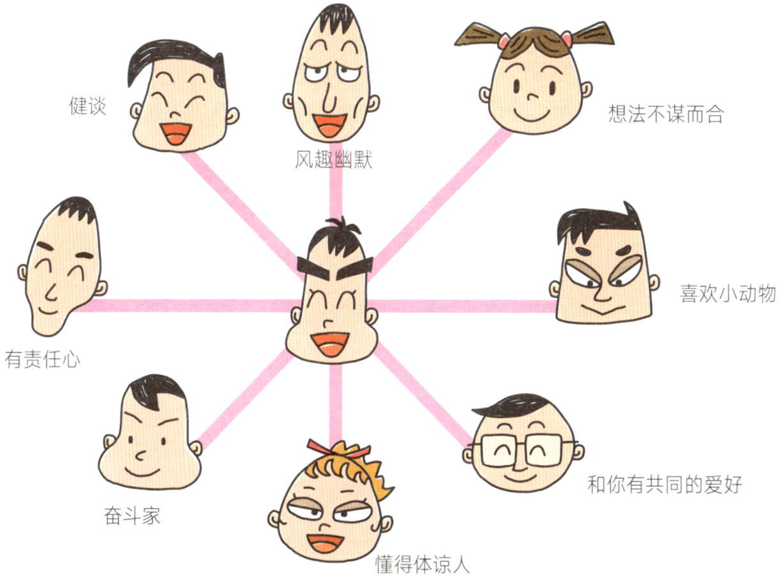

# 做一个『优点集』吧

做一个记录班上小伙伴们优点的『优点集』吧。这样你就能了解并喜欢上大家，和大家打成一片。

肯特………善解人意。

小惠………爱护公物。

佑介………有同情心。

小陆………舞步优美。

朝日………打招呼时声如洪钟。

小遥………为人正直。

秋穗………绝对不乱嚼舌根。

小空………总是精力充沛。

游星………上课积极举手。

小莲………擅长魔术。

小明………写一手好字。

你看，我写了一个大家的『优点集』。
哎哟！
你看，熊田同学在弹钢琴。
好厉害，像专业的钢琴家一样！
你的关注点在哪儿啊？
熊田同学的手很好看。

格言

# 善人者，人亦善之。

展现自己的聪明才智！

# 用通俗易懂的典故、成语加分

## 灵活措辞

即使是同一件事，不同的措辞也会给人留下不一样的印象。
学会在对话中加入谚语、惯用语等，为自己的发言加点火力吧。

举个例子

### 安慰受挫的小伙伴

大家通常都会说这种安慰话吧。试着比较一下下面的这种说法吧。

举个例子

### 享用美味后

大家通常都会这么说吧。
换这种说法试试？

格言

# 改变措辞，助你一鸣惊人。

活用比喻这种修辞手法来为你的措辞增色吧。

## 用比喻来展现自己的语言功底

首先掌握

“好像……一样”“好似……”

这类的句型吧。

能够和你再见面，就像做梦一样。
你这套行头好帅啊，就像演员一样。


熟悉了比喻用法之后，试着挑战一下更高级的“拟人”（把本来不具备人的动作和感情的事物人格化，变得和人一样具有动作和感情的一种修辞手法）吧。

看啊，天空在哭泣。
不要担心，总会雨过天晴，展笑颜的。
嗯，两人都很『帅』（有意境）嘛……

向善于求助的小伙伴看齐!

# 提高求助能力

## 有些事光靠我们自身也许难以解决，但我们可以借助周围小伙伴们的力量。

这时候就要看你是否善于求助了。

### 求助前构思一下措辞

帮我搬一下这个箱子呗。
哦，可以是可以……

这样向小伙伴求助的话，对方也许会不愿意帮你，而且对你的印象分也会打折扣。但是——

拜托了，小龙！你力气大，帮我一把嘛。
没问题啊！

这样说的话，对方就会很愿意帮你。这也告诉我们，寻求小伙伴们的帮助时，要尊重对方，注意自己的言辞，切不可给人高高在上的感觉。

格言

# 懂得体谅的人容易得到他人的帮助。

## 不能只顾自己的利益

想要向对方提请求的话，首先要考虑对方想让你干什么，并优先完成那些事。

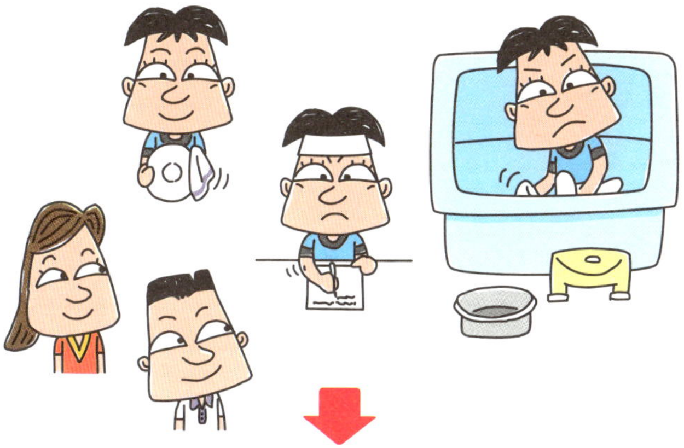

这样做的话，之后再求对方帮忙，他们欣然接受你请求的可能性就会提高。

大家也在日常生活中养成积极为他人着想的习惯吧。

这段时间，大家的综合素养都有了很大提高哦。
人的综合素养？
和外国友人的沟通能力
鼓励自己的方式
词语的运用能力
聆听的能力
自我介绍的能力
何谓『综合素养』？请看这几点：
交流能力
+
适应力
=
综合素养

你的综合素养可是会影响你一生的哦。
源！
啊？（吓一跳）
我也想快点变成源先生这样综合素养高的人。
哈哈哈，努力吧。
别太得意忘形了。
知道了，爸爸。
原来是源先生的爸爸！

要想提升自己，就要不断努力。你也不能懈怠啊。
我父亲可是我的人生导师哦。
哇哦！
我也希望你们可以灵活运用从源先生身上学到的东西，来提升自己的综合素养。
大藏！
啊？
你的综合素养也不是最高的，还在这里说教。
知道了，爸爸。
爷爷！
祖孙三代都到齐了，笑死我了！

学无止境，综合素养的提升是没有止境的。
老祖宗！
你的综合素养也……
加油！加油！
我们也加油吧！

## 尾声

那我走了，拜拜。
明天见。
说来也是，大家是比以前活跃了很多呢。
这不是悠斗吗，在这里干吗呢？
明明不会说英语，竟然在给外国人指路！
太厉害了！

好帅啊！
请收我们为徒，教我们怎么变帅吧！

KAKKO YOKU NARI TAI

Copyright © Obunsha Co., Ltd. 2015

Chinese translation rights in simplified characters arranged with
Obunsha Co., Ltd.

through Japan UNI Agency, Inc., Tokyo

illustration : Hakamata02

版权合同登记 图字：19-2019-209号

**图书在版编目（CIP）数据**

学校学不到的成长课. 我要做个受欢迎的男生／（日）株式会社旺文社著；
楼梦捷译. — 广州：新世纪出版社, 2019.12（2020.2重印）
ISBN 978-7-5583-0037-0

Ⅰ. ①学… Ⅱ. ①株… ②楼… Ⅲ. ①心理交往－少儿读物 Ⅳ. ①G775

中国版本图书馆CIP数据核字（2019）第272482号

### 学校学不到的成长课·我要做个受欢迎的男生
Xuexiao Xuebudao de Chengzhangke · Wo Yao Zuoge Shouhuanying de Nansheng

| | |
|---|---|
| 出 版 人： | 姚丹林 |
| 责任编辑： | 秦文剑　刘梦瑶 |
| 责任技编： | 王　维 |

出版发行：新世纪出版社
　　　　　（广州市大沙头四马路10号）
经　　销：全国新华书店
印　　刷：北京盛通印刷股份有限公司
规　　格：880mm×1230mm　　开　本：32开
印　　张：4.5　　　　　　　　字　数：50千
版　　次：2019年12月第1版　　印　次：2020年2月第2次印刷
定　　价：32.50元

质量监督电话：020-83797655　购书咨询电话：020-83781537